Bibliografische Information der Deutschen Nationalbibliothek
Die Deutsche Nationalbibliothek verzeichnet diese Publikation in der
Deutschen Nationalbibliografie; detaillierte bibliografische Daten sind im
Internet über http://dnb.d-nb.de abrufbar.

Tanja Schmid

Eltern werden ist nicht schwer, Eltern sein – auch nicht so sehr!

Herstellung und Verlag:
Books on Demand GmbH, Norderstedt

ISBN 978-3-8370-5998-4

Vorwort

Diesen Ratgeber habe ich angefangen, nachdem mehrere meiner Freundinnen, die erst ein Kind haben, auf einen kleinen Tipp meinerseits meinten, „das hättest Du mir ruhig vor längerer Zeit schon sagen können...."

Dieser Ratgeber ist nur als Orientierungshilfe gedacht. Alle hier genannten Tipps haben bei meinen Kindern, immerhin 4 an der Zahl, funktioniert. Ob auch Ihr Kind, bzw. Sie als Eltern davon profitieren können, wird sich zeigen, wenn Sie das eine oder andere ausprobieren.

Viel Spaß beim Lesen!

Inhaltsverzeichnis

1. Zuwendung und Wärme

Das Beste: Sie nehmen sich Zeit. Und zwar nicht nur für das Baby, sondern auch für sich selbst.
Es hilft Ihnen und Ihrem Baby sehr, wenn Sie ausgeschlafen sind. Deshalb nutzen Sie jede Möglichkeit, sich auszuruhen oder sogar zu schlafen. Sie können nur im Dunkeln schlafen? Dann machen Sie doch einfach die Rollläden runter! Egal was die Nachbarn sagen. Sie brauchen den Schlaf und den nehmen Sie sich. Wenn Oma und Opa verfügbar sind, schicken Sie sie doch einfach mal eine Runde mit dem Kinderwagen raus. Dem Kleinen tut frische Luft gut und auch die Großeltern können mal „lüften".
Denken Sie bloß nicht daran, in der Zeit mal eben schnell die Wohnung zu putzen, die Wäsche zu waschen, zu bügeln oder Kuchen zu backen. Die Großeltern können mal über eine weniger ordentliche Wohnung wegsehen. Und wenn Sie einen Kaffee und Kuchen möchten, können Sie sich ja gerne einen beim Bäcker holen (die Beiden sind ja eben mit dem

Kleinen raus…) oder selbst backen. Die Mama
ruht sich aus.
Schließlich sind die Nächte viel zu kurz in der
ersten Zeit.

Auch der Papa kann mit anpacken. Klar, er hat den ganzen Tag gearbeitet, aber -es ist auch sein Kind.… Er schläft ja in der Nacht.

Und wenn die Nachbarn, Freunde oder sonstige Personen so salopp sagen: Wenn etwas ist, einfach mal anrufen oder vorbeikommen, dann nehmen Sie dies an. Ihre Wäsche können auch andere waschen und bügeln und lassen Sie sich von der netten Nachbarin das Mittagessen mitkochen.

Sie sollen das Ganze natürlich nicht ewig ausnutzen, aber in den ersten Wochen, bis man sich auf den neuen Erdenbürger eingestellt hat, kann man ruhig mal etwas machen lassen. Die erste Zeit nennt man schließlich Wochenbett. Das heißt eigentlich: auf der Couch oder im Bett rumliegen, alles machen lassen und sich voll und ganz dem Kind widmen. Wenn Sie sich stark genug fühlen, gehen Sie an die frische Luft und genießen Sie es.

Sagen Sie auch den Großeltern, Freundinnen und Nachbarn, wenn Sie keine Lust haben, Besuch zu empfangen. Jeder möchte das neue Baby sehen, aber nicht auf Ihre Kosten!!

Lassen Sie sich zum Kaffee einladen. Wenn Sie bei der Oma sitzen und Ihnen oder dem Baby wird das alles zu viel, können Sie viel leichter gehen, als wenn der Besuch auf Ihrer Couch sitzt.... Dorthin können dann auch die Freundinnen oder Nachbarn kommen, das Baby anschauen und Geschenke abgeben. (Ihre eigene Wohnung finden Sie selbst in dieser Zeit sowieso viel zu unordentlich, als dass man Besuch empfangen könnte. Und Sie sollen sich ja ausruhen!)

Hier eine kleine Anekdote...
4 Tage nach der Geburt unseres ersten Sohnes holte uns mein Mann aus dem Krankenhaus ab. Natürlich wollten die Großeltern den Kleinen gleich sehen und hüten. Ich machte also schön brav Kaffee, stellte Plätzchen dazu (Kuchen hatte ich leider keinen und zum Backen hatte ich aus verständlichen Gründen keine Zeit...). Mein Mann musste leider arbeiten, weshalb er sich ziemlich rasch verdrückte.
Auch eine Freundin der Oma wurde gleich von selbiger angerufen, doch auch mal eben vorbei zu kommen.

Es saßen somit 3 Leute auf meiner Couch und betrachteten mein Söhnchen. Welch toller Anblick! Der Kleine wurde über mehrere Stunden (vielleicht waren es 3 oder 4, genau weiß ich es nicht mehr) von jedem Mal gehalten, geherzt und angelächelt. Der Kleine fand das erst mal richtig toll, denn auf den Armen lässt es sich doch wunderbar aushalten. Die Gäste verließen uns dann irgendwann. Kurz darauf kam mein Mann wieder von der Arbeit nach Hause. Der Mini war mittlerweile völlig aufgelöst, heulte nur noch und ich war völlig fertig. Also rauf mit dem Baby auf Papas Arm. Papa fragte mich sorgenvoll, ob der Kleine denn Hunger habe. Da aber jeder mal füttern wollte, hatte er ausreichend gegessen. Dann kam der Moment, als wir unseren Nachwuchs fertig machen wollten fürs Bett. Im Badezimmer legte mein Mann ihn auf den Wickeltisch und meinte dann: „Mit der nassen Hose wäre ich auch nicht mehr friedlich…?!" Welch Grauen!! Ich hatte vergessen unserem Sohn während des ganzen Tages auch nur einmal die Windeln zu wechseln – nein wie peinlich! Aber es hat dem Mini nicht geschadet, der Popo und das Kind sind noch da und beiden geht es mittlerweile richtig gut!

Geärgert hat mich im Nachhinein eigentlich nur, dass die Oma – immerhin auch Mutter von drei Kindern – nicht auf die Idee kam, dass man dem Kind auch mal die Windeln wechseln muss. Naja, die Gemütlichkeit der Couch und der Anblick des ersten Enkels hinterlassen wohl auch bei Omas einen wirkungsvollen Eindruck.

2. Regelmäßigkeit

Während Ihrer Schwangerschaft hatten Sie im Normalfall ein regelmäßiges Leben. Das heißt: morgens zur gleichen Zeit Aufstehen, Arbeiten/Haushalt, Ausruhen, abends etwa zur gleichen Zeit ins Bett. Ihr Baby war dabei! Es hatte eine Regelmäßigkeit!
Jetzt, nach der Geburt, ist alles anders, weil das Neugeborene noch keine Ahnung hat, wann man schläft und wann man wacht. Das ist ein Lernprozess, der erst noch begangen werden muss. Wir als Eltern können den Kindern dabei helfen, es jedoch nicht bestimmen.
Darüber muss man sich immer im Klaren sein. Das Baby hat das Sagen – zumindest in der

ersten Zeit. Alles wird durch das Baby
bestimmt: wann die Großen essen, schlafen,
Zeit für sich haben, usw.

Sie können Ihrem kleinen Schatz helfen, Tag
und Nacht zu begreifen. Seien Sie tagsüber
genauso, wie ohne Baby. Also Staubsaugen,
wenn es nötig ist, Radio oder den Fernseher
anstellen, wenn Sie etwas hören oder schauen
möchten. Das Baby darf ruhig merken, dass
der Tag zum Wachsein da ist.

Für die Entwicklung Ihres Kindes ist es sogar
von Vorteil, wenn es viel Trubel um sich hat –
alles in Maßen natürlich. Wenn Sie merken,
dass Ihr Kind unruhig wird, dann gönnen Sie
ihm die Ruhe, die es braucht.
Nach dem, was mir mein Mann aus seiner
Studienzeit berichtet hat (immerhin hat er
„erst" 2003 angefangen zu studieren..), ist es
von Vorteil, wenn das Baby viele Eindrücke
bekommt, denn so können sich die
Gehirnstrukturen besser entwickeln.

Die Synapsen im Gehirn werden schneller und
größer in der Anzahl hergestellt, was für die
Zukunft des Kindes wichtig ist.

Auch hier wieder etwas aus dem Nähkästchen...
Ich musste insgeheim lächeln, als mir eine Freundin sagte, ihr Kind schlafe nur, wenn es ganz ruhig ist. Sobald es etwas lauter in der

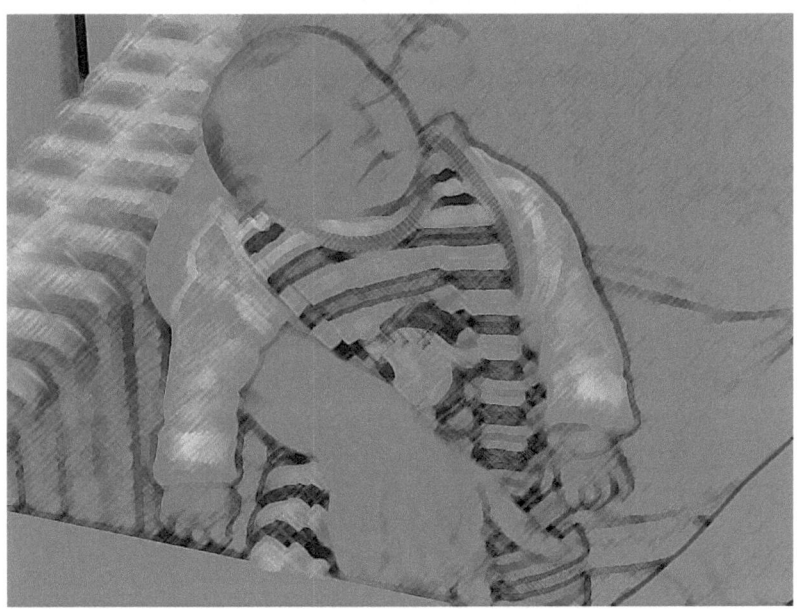

Wohnung wird, ist das Kind sofort wach. Und außerdem schlafe das Kind in der Nacht nicht durch, wie ich denn das hinkriegen würde.
Ich fragte nach, ob sie denn schon immer leise gewesen sei, wenn das Kind schlafe. Ihre prompte und verdutzte Antwort war nur: „Ja, natürlich! Ich will das Kind ja nicht wecken!"

Daraufhin erklärte ich Ihr, dass das Kind – wie bereits erklärt – tagsüber sehr wohl weiß und auch lernt, dass es eben Tag ist. Und am Tag ist nun mal etwas lauter. Am Abend und in der Nacht schlafen die meisten, weshalb es dann leiser ist. Tag und Nacht eben. Als sie ausprobierte, was ich ihr gesagt hatte, nämlich tagsüber auch mal lauter zu sein, schlief das Kind zwar am Tag etwas weniger, dafür aber in der Nacht ohne wach zu werden.

Beim zweiten Kind hatte sich meine Freundin dann gleich an alles wieder erinnert. Wenn ich dann zur Schlafenszeit des Kindes anrief konnte sein, sie hörte das Telefon nicht klingeln, weil sie gerade saugte....

3. Schlaf, Kindlein, schlaf!

Das Baby lernt, egal wie alt es ist, dass Sie es verwöhnen. Wenn Sie bisher der Meinung waren, dass Sie jeden Abend etwas Gutes tun, wenn Sie das Kind auf dem Arm wiegend in den Schlaf bringen, dann freuen Sie sich auf dieses Gute-Nacht-Ritual, wenn das Kind älter ist. Sie werden Rückenschmerzen bekommen, das Kind schläft nicht durch, was für Sie immer noch kurze Nächte bedeutet.

Begehen Sie mit der letzten Mahlzeit vor dem Zubettgehen ein richtiges Ritual.
Erst ziehen Sie Ihr Kind aus, waschen oder baden es, massieren es vielleicht noch. Dann ziehen Sie Ihr Kind wieder an, geben Ihm die Mahlzeit und legen es, wenn Sie merken, dass das Kind nun müde wird, in das Bettchen. Das Kind sollte dabei noch etwas wach sein und möglichst nichts bekommen, was es in der Nacht nicht finden kann. So zum Beispiel den Schnuller, eine Schmusepuppe oder ähnliches.
Denn das Baby ist noch nicht in der Lage, nachts eigenständig den Schnuller zu suchen, ihn in den Mund zu stecken und dann einzuschlafen.
Hat das Baby aber gelernt, dass es abends alleine einschlafen kann ohne ein „Hilfsmittel" (egal welches!), kann Ihr Kind auch in der Nacht auf diese Methode zurückgreifen und kann selbstständig einschlafen.
Ihre Arme und der Rücken werden es Ihnen danken!! Und Ihre Laune wird sich ebenfalls wieder bessern, sobald Sie mal wieder mehrere Nächte schlafen können.

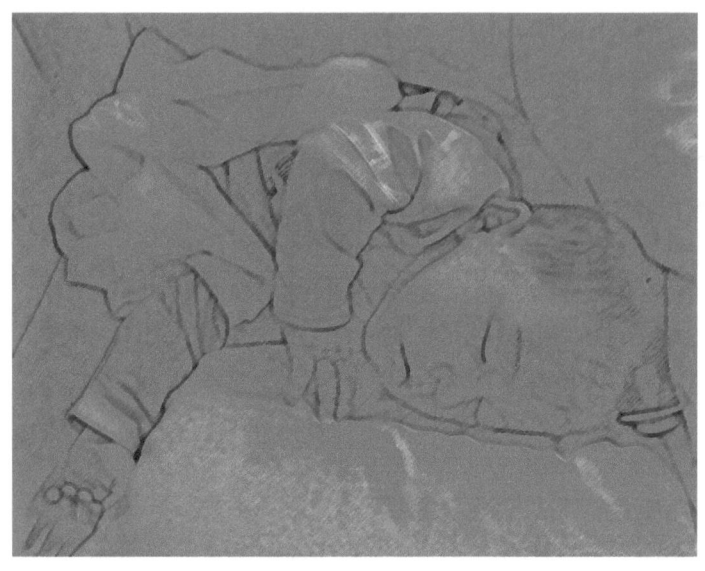

Schlafen können Sie übrigens auch, wenn Sie kein Babyphon oder so benutzen. Ihr Baby kann ziemlich laut schreien, Sie merken das erst, wenn es im Haus oder in der Wohnung nachts ganz ruhig ist. Sie schlafen als Mutter nie so fest, dass Sie ihr Kind nicht hören. Aber Sie schlafen schlecht mit dem ständigen Kontakt zu Ihrem Kind, wenn Sie das Babyphon benutzen. Denn Sie hören Geräusche ihres Kindes, die Sie gar nicht hören brauchen, trotzdem aber wach werden. Und in den meisten Fällen nicht schnell genug wieder einschlafen können, um erholt zu sein.

Deshalb ist es wichtig – zumindest wo es möglich ist – das Kind in einem eigenen Zimmer schlafen zu lassen.

Wir haben das Kinderzimmer des kleinsten Kindes neben unserem Zimmer liegend. Die Türen in den Kinderzimmern sind geschlossen, wenn die Kinder schlafen. Unsere Tür lassen wir offen, schließlich ruft das ein oder andere Kind manchmal in der Nacht, wenn es nicht gut schlafen kann oder krank ist.
Erholsame Nächte haben wir wieder, seit die Kleine 4 Wochen alt ist. Aber machen Sie sich keine Illusionen, die anderen Kinder haben auch nicht so schnell durchgeschlafen.
Manchmal hat man eben Glück und manchmal lässt das Glück etwas länger auf sich warten.
Aber keine Sorge, jedes Kind hat es irgendwann kapiert, wie man(n) und frau die Nächte erholsam verbringen….

Mal wieder ein Anekdötchen…
Beim ersten Kind macht man viele Fehler. Wir haben zum Beispiel dem Kind immer eine Milchflasche mit ins Bett gegeben. Später eine Teeflasche.

Sobald die Flasche nachts nicht mehr greifbar war, ging das Gebrüll los.
Irgendwann saß ich im Wartezimmer beim Kinderarzt. Dort standen mehrere Bücher zum Ausleihen. Eines handelte davon, dass eigentlich jedes Kind lernen kann, alleine zu schlafen und auch durchzuschlafen. Ich lieh mir dieses Buch aus und las es in einem Rutsch, denn ich wollte endlich wieder ruhige Nächte haben.

Nachdem ich meinen Mann ebenfalls neugierig gemacht hatte, versuchten wir das Projekt. Wir probierten die angegebene Methode aus und es funktionierte wirklich! Keine unnötigen Dinge im Bett wie etwa die Teeflasche und schon waren unsere Nächte wieder ruhiger.

Eine Freundin sagte mir, dass ihr Sohn immer etwa eine halbe bis dreiviertel Stunde, nachdem Sie ins Bett gegangen ist, noch einmal nach Ihr verlangt. Ich fragte Sie, wie der Abend so bei Ihnen ablaufe. Als Sie mir daraufhin antwortete, dachte ich mir schon, was kommt. Sie geht zum Kleinen ins Zimmer, streichelt ihm über den Kopf, gibt ihm noch einmal einen Kuss und geht dann wieder aus dem Zimmer.

Was passiert? Ihr Sohn wird wach. Zwar nur im Halbschlaf, aber er kann ohne die Milchflasche dann nicht mehr einschlafen. Er kann keinen Hunger mehr haben, was man daran erkennen kann, dass er nur noch 70 ml trinkt. Das Kind wird nur wach, weil Mama ihn noch einmal „besucht". Ich habe Ihr geraten, die Tür nur leise zu öffnen, kurz in das Kinderzimmer zu schauen, ob noch alles in Ordnung ist, und dann genauso leise wieder das Zimmer zu verlassen. Sie soll versuchen, das Kind nicht zu berühren. Dann, so denke ich, wird das Wachwerden des Kleinen der Vergangenheit angehören. Aber wie bei so vielem: Probieren geht über Studieren...

Viele solcher Sprüche gibt es, und die meisten haben einen Sinn. Die älteren Generationen haben diese Sprüche nicht ganz umsonst erfunden und immer wieder weitergegeben.

4. Kleider machen Leute?!

Wir haben, wie Ihnen bereits bekannt ist, 4 Kinder. Jedes dieser Kinder ist in einer anderen Jahreszeit geboren, was heißt, dass die Neugeborenen jedes Mal anders anzuziehen waren.

Nun, woher weiß ich, ob das Kind nicht zu warm oder zu kalt angezogen ist?

Sicher ist es nicht einfach, denn die Kleinen brauchen am Anfang noch etwas mehr Wärme als die Größeren. Aber im Grundsatz kann man folgendes sagen:

Ziehen Sie dem Kind die gleiche Art Kleidung an, wie Sie sich selbst anziehen. Sie können dem Kind dann noch eine Decke drüberlegen.

Für größere Kinder, so ab dem Krabbelalter, ist es wichtig, dass die Kleidung auch mal draußen getragen werden kann. Sollten Sie unterwegs sein, möchte Ihr Krabbelkind bestimmt nicht die ganze Zeit über im Wagen sitzen, sondern auch mal die Umgebung erkunden. Erlauben Sie es ihm, denn das schult ihr Kind! Und was ganz wichtig ist: Seien Sie nicht zu streng, was dreckige Klamotten angeht!

Je dreckiger die Kleider sind, desto glücklicher ist ihr Kind! Es hat vieles ausprobieren dürfen, hat vieles gelernt und kann stolz auf sich sein. Wir Eltern können das übrigens dem Kind auch mal sagen, wenn es etwas gemacht hat, bei dem es was gelernt hat, auch wenn die Kleider im Anschluss erst einmal einer „Generalüberholung" unterzogen werden müssen.

In der heutigen Zeit kann man fast alles waschen und anschließend in den Trockner schmeißen. Es bedeutet zwar für die Eltern eine Mehrbelastung, wenn es aber der Entwicklung unserer Kinder dient, dann bitte!! Unser drittes Kind ist nicht sehr zimperlich, was die Vorhersagen des Wetterfrosches angehen. Er geht auch bei Eis und Schnee in den Sandkasten und buddelt, was das Zeug hält. Die Kleider sehen danach natürlich immer aus, als käme er gerade von einer Matsch-Safari nach Hause. Aber was soll's. Die Kleider werden gleich am Eingang ausgezogen, fliegen die Kellertreppe runter, wo ich sie am Abend einsammele und in die Waschmaschine schmeiße. Er ist glücklich, war an der frischen Luft, hat neue Erfahrungen gesammelt und bleibt gesund.

5. Learning by doing!

Unsere Eltern hielten uns beim ersten Kind oft
für wahnsinnig.
„Der hat den schweren Hammer vom Papa!
Passt auf, sonst passiert noch was!"
Eben, wir passten auf und es passierte
meistens nichts. In unserer Gegenwart durfte
unser Großer vieles. Vielleicht lag es daran,
dass wir sehr jung Eltern geworden sind.

Vielleicht lag es auch an unserer Einstellung dem Kind gegenüber. Wir erlaubten viel, waren uns aber sicher, dass der Große sich nicht verletzte, wenn er Dinge ohne uns tat. In der Klinik oder beim Arzt waren wir auf jeden Fall nie, weil irgendein Unfall passierte. Er lernte mit dem Hammer genauso umzugehen, wie mit einem Messer, der Stichsäge (allerdings erst später)
oder anderen „gefährlichen" Gegenständen. Mal ehrlich: trauen Sie sich an verschiedene Gegenstände heran, obwohl Sie noch nie damit zu tun hatten?
Oder ist Ihnen lieber, jemand erklärt ihnen diesen Gegenstand Schritt für Schritt?
Unseren Kindern hat es jedenfalls nicht geschadet, dass sie viel durften. Im Gegenteil, viele Kinder im gleichen Alter können auf so ein praktisches Wissen nicht zurückgreifen, weil sie es gar nicht haben. Jeden Schritt haben wir erklärt, dem Alter des Kindes entsprechend. Und sie haben nicht immer alles dürfen. Aber sobald das Interesse aufkam, kam für uns die Zeit, in der wir erklären wollten. Damit hatten wir ein ruhiges Gewissen, wenn sie mal ohne uns etwas taten – wir waren dabei, als sie „gelernt" haben. Es

ist wie in der Schule: man übt, um dann sicher zu werden.

Die Spielkette im Kinderwagen z.B. kann das Baby am Anfang weder greifen, noch über einen längeren Zeitraum festhalten. Mit der Zeit aber entwickelt das Baby die Fähigkeit, sie zu greifen, zu untersuchen, daran herumzulutschen und sie wieder loszulassen.

Ihre Butter sieht nach dem Essen ungenießbar aus, weil der/die Kleine darin herumgestochert hat? Na und? Nur wer Fehler macht, kann daraus lernen. Niemand wird als perfekter Erwachsener geboren. Jeder musste mal klein anfangen und das ist gut so. Denn man wächst mit seinen Aufgaben. Das zählt für die Kleinen genauso wie für uns Eltern. Auch wenn Sie am Anfang vor einer scheinbar nicht zu lösenden Aufgabe stehen, irgendwann haben Sie sie gemeistert!

Bleiben Sie also gelassen, wenn der Knirps mal etwas macht, das Sie sich so nicht vorstellen. Es wäre schade, wenn Sie die Kreativität unterbinden. Bauen Sie sie aus und fördern Sie ihr Kind so oft es geht.

Natürlich muss sich jeder an bestimmte Regeln halten. Die gibt es in der Familie genauso wie im Leben außerhalb der Familie.

Unsere Kinder durften schon relativ früh mit Messer und Gabel essen. Zum einen kann man mit einer Gabel das Essen besser aufpieksen als mit einem Löffel... Zum andern gibt es in jeder Küche Messer, die nicht sehr scharf sind, die tun es ja für die Kleinen. Sie sollen ja nur lernen, dass man sein Essen mit dem Messer auf die Gabel schieben kann. Das Schneiden können sie noch lernen, wenn sie etwas fingerfertiger sind. Da die Kleinen aber vieles bei den Großen abschauen, sollte man dies nutzen und ihnen gleich zeigen, wie es richtig geht. Bei unseren Großen weiß ich heute nicht mehr, wie alt sie waren, als sie das erste Mal mit (einem stumpfen) Messer und einer Gabel gegessen haben. Aber beim dritten war es mit etwa anderthalb Jahren. Wenn ich ihm fünf Messer in die Hand gebe, eines davon mit einem weißen Griff, die anderen mit einem blauen, dann legt er sich immer das weiße hin und den anderen die blauen Messer. Es ist eine Gewohnheit geworden, dass er dieses Messer nimmt. Dass er damit kein Fleisch schneiden kann ist ihm (noch) egal. Aber zum Beispiel eine Scheibe Käse oder Wurst geht auch mit diesem Messer und welchen Spaß er dabei hat! Er versucht dann „Tortenstücke" zu schneiden – ganz kunstvoll – und verspeist dann die kleinen Stücke. Das Brot beißt er dann ab und schon ist sein Abendessen fertig.

6. Regeln, Regeln, Regeln.

Jeder braucht Regeln. Aber muss es wirklich genau diese Regel sein? Überlegen Sie kurz, ob diese Regel wirklich notwendig ist und vor allem ob und wie Sie gedenken, diese Regel durchzusetzen.
Ist diese Regel nur für Sie von Vorteil, weil Sie sich dadurch weniger Arbeit erhoffen? Oder ist diese Regel sinnvoll für die Entwicklung Ihres Kindes? Kinder haben und sie zu erziehen ist eine Aufgabe, die nicht leicht ist und die man nicht auf die leichte Schulter nehmen sollte. Also auch keine Regel, die nur der eigenen Faulheit dient….

Sobald das Kind anfängt zu krabbeln oder sich sonst irgendwie alleine fortzubewegen, sollten

Sie ihre Wohnung oder das Haus unter die Lupe nehmen.

Kann sich mein Sprössling frei bewegen ohne sich zu verletzen? Habe ich irgendwo Gegenstände stehen oder liegen, an die das Kleine nicht dran soll?

Dann machen Sie es sich als Eltern doch leicht!

Wenn das Kind nicht die Möglichkeit bekommt, etwas anzustellen, kann es das auch nicht tun. Also: die Gläser im Regal wegräumen und durch Bücher oder Spielsachen ersetzen. Oder einfach eine Plexiglasscheibe davor schrauben. Das Ganze hat zwei Vorteile: erstens quasseln Sie sich nicht den Mund fusselig mit: "Nein, da lass mal die Finger weg, das gehört der Mama!".

Zweitens kann nichts passieren, wenn Sie mal nicht dabei sind.

Oder sie vertrauen darauf, dass Ihr Schatz nichts anstellt. Sollte dann doch mal was daneben gehen, dürfen Sie jedoch nicht schimpfen. Sie können weiterdenken, die Kleinen erst mal noch nicht. Aber meist lernen die Kinder ziemlich schnell.

Wenn Sie, wie wir, einen Holzofen haben, dann gehen Sie mit ihrem Kind doch mal an den Ofen, wenn er noch ziemlich warm, aber nicht mehr heiß. Das Kind kann in Ihrer Anwesenheit mal testen, wie warm der Ofen ist ohne sich zu verbrennen. Es weiß aber danach, dass man sich dort durchaus verbrennen kann, denn die Hand an der ziemlich warmen Scheibe hat doch etwas geschmerzt. Das nächste Mal konnte ich mich darauf verlassen, dass auch unser damals 1-Jähriger nicht an den Ofen fassen würde. Bis heute machen alle Kinder einen großen Bogen um den Ofen, wenn das Feuer an ist!

Viele Dinge können ebenfalls so ablaufen. Beobachten Sie ihr Kind doch mal aus der Ferne, jedoch so nah, dass Sie im Ernstfall einschreiten können. Sie werden merken, dass in den meisten Fällen die natürliche Neugier da ihre Grenzen hat, wo die Kinder das natürliche Misstrauen gegenüber Neuem haben.

Wenn Sie dem Kind erlauben, mal mit ihren Töpfen zu spielen, das Mensch-ärgere-dich-nicht-Spiel auszuräumen oder ähnliche Dinge, dann werden sie uninteressant – Mama hat es ja nicht verboten....

 Sie sind natürlich dabei und erklären bzw. beaufsichtigen. So können Sie eingreifen, wenn ein Teil in den Mund genommen wird

oder der Topf mal etwas unsanfter auf dem Boden landet.
Und Dinge, die erlaubt wurden, werden beim nächsten Mal eher links liegengelassen. Man darf damit spielen und das Kind lernt, mit den Dingen des Alltags umzugehen.

Das schönste Spielzeug ist sowieso genau das, was die anderen haben. Und da in den meisten Fällen die Mama die Person ist, welche auch die meiste Zeit mit dem Kind verbringt, ist diese Vorbild. Das heißt im Umkehrschluss: Alles was Mama macht ist

auch für das Kind interessant. Somit gehören Putzen, Bügeln, Waschen und Kochen auch zu den „Hobbies" der Kleinen.

Auch die Größeren haben Ihren Spaß. Sie lernen für ihr späteres Leben. Und dass das manchmal sehr sinnvoll sein kann, weiß unser Ältester zu schätzen, denn bei Hunger ist er auch mal in der Lage, sich selbst zu versorgen…
Unser Dritter hat einen Schrubber. Wenn ich meinen Putzeimer und die Lappen rausshole, dann holt er seinen Schrubber ebenfalls. Ein Lappen ist obligatorisch, denn Mama hat ja schließlich auch einen.…
Zuvor muss gesaugt werden. Das übernimmt dann der Mini, Mama macht dann nur die runden Ecken wieder zu eckigen Ecken.

Sobald die Waschmaschine gefüllt wird, steht er ebenfalls hinter mir und schreit, wenn ich alleine die Wäsche in die Maschine stopfe.
Also dauert das Ganze zwar etwas länger, aber er lernt fürs Leben und ist beschäftigt!

7. Zuverlässigkeit und Freude

Sie erwarten von ihrem Kind, dass es
Aufgaben, die Sie ihm gestellt haben,
sorgfältig erledigt. Das fängt bei einem
Kleinkind bereits an, wenn Sie ihm auftragen,
etwas oder jemanden zu holen, wenn Sie ihm
sagen, es soll mit bestimmten Sachen
aufhören und so weiter.
Sie müssen ihrem Kind diese Zuverlässigkeit
vorleben!
Stellen Sie sich folgende Situation vor:
Sie stehen in der Küche und bereiten das
Essen vor. Ihr Kind ist in seinem Zimmer und
hat etwas gebaut. Das Kind ruft Sie nun, in das
Kinderzimmer zu kommen und das Bauwerk
anzuschauen. Da Sie aber gerade beim
Schälen der Karotten sind, vertrösten Sie ihr
Kind mit den Worten: „Ich komme gleich!"
Nachdem Sie mit dem Schälen fertig sind, ruft
Ihr Kind Sie nicht mehr, also bleiben Sie in der
Küche und kochen weiter. Warum soll Ihr Kind
das nächste Mal hören, wenn Sie ihm etwas
sagen?
Sie waren nicht zuverlässig und haben ihre
Aussage nicht durch Taten bestätigt.

Sinnvoller wäre gewesen, die Karotten und das Messer hinzulegen, die Hände zu waschen und dann sofort zu ihrem Kind zu gehen. Das Kind braucht ihre Bestätigung! Gehen Sie ruhig mal in das Zimmer, wenn Ihr Kind schön alleine und ruhig in seinem Zimmer spielt. Und loben Sie es dafür! Positiver Zuspruch ist wichtig für Ihr Kind.
Sie könnten auch nicht in das Zimmer gehen und loben. Ihr Kind wird aber denken, dass es Sie nicht interessiert, was es macht. Also stellt es etwas an, damit Sie sich für Ihr Kind interessieren. Nur ist das ein negativer Zuspruch, denn Sie haben erst reagiert, als Ihr Kind etwas anstellte.
Stellen Sie Regeln positiv auf! Damit stellen Sie eine positive Atmosphäre her.
Also eher ein: Lauf langsam! In einem freundlichen Ton, als ein: Renn nicht so! in einem barschen Tonfall. Das Kind fühlt sich verstanden und nicht gemaßregelt.

Ich habe mal einen Kurs besucht. Dort lernten wir folgende Aussage kennen: Ein Kind braucht etwa 30 Minuten direkte Aufmerksamkeit am Tag.
Diese kann positiv wie negativ sein.

Positiv heißt, loben, loben, loben. Negativ heißt in diesem Fall: Ärger, Ärger, Ärger. Wenn ich also schon etwa 30 Minuten Aufmerksamkeit durch Lob oder positiven Zuspruch erhalten habe, brauche ich nichts mehr anstellen, um Aufmerksamkeit zu bekommen, die in diesem Fall negativ wäre.

Geben Sie ihrem Kind Aufgaben wenn es helfen will. Loben Sie es für alles, was es seinem Alter entsprechend toll gemacht hat. Die Eltern müssen natürlich sehr tolerant sein und auch mal über kleine Dinge hinwegsehen können. Damit erreichen Sie, dass Ihr Kind sich wohl und verstanden fühlt.

Probieren Sie es aus!

8. Mahlzeit!

Sobald die Kleinen das Essen der Großen entdecken, kann es bei den Mahlzeiten der Kleinen ganz schön anstrengend werden.

Sie möchten das essen, was auf dem Teller der Eltern oder größeren Geschwister ist.

Jedoch kann das für den kleinen Babymagen nicht immer das Richtige sein.

Versuchen Sie, das Essen beim Kochen etwas weniger zu würzen. Wer es schärfer gewürzt haben möchte, kann am Tisch nachwürzen. Viele sagen, es steht auch in vielen Ratgebern, dass man dem Baby nichts vom Tisch geben soll, sondern separat kochen soll. Haben Sie Lust, jeden Tag zwei Mahlzeiten zu kochen? Irgendwann möchte Ihr kleiner Liebling den selbst gekochten Brei nicht mehr, sondern er möchte genau das essen, was auf dem Teller der Großen liegt.
Es gibt verschieden Möglichkeiten, den/die Kleine(n) auszutricksen. Geben Sie Ihr Essen bereits in der Küche auf die Teller. Auf Ihrem Teller können Sie dann das Essen des Kindes so platzieren, dass es denkt, es dürfe von der Mahlzeit der Erwachsenen mitessen.
Oder Sie füttern Ihr Kind bereits vor Ihrer Mahlzeit und geben dem Kind zur Beschäftigung einfach noch einen Keks in die Hand. Für das Kind ist es ein Nachtisch.

Sie können aber auch wie bereits genannt, einfach etwas weniger würzen und das Essen schön klein drücken. Dann kann das Kind bereits die Mahlzeiten ganz normal mitessen. Sollte das Kind keine Allergien haben, ist diese Methode kein Problem. Sie haben weiterhin die Möglichkeit, babygerechte Speisen zu kochen. Dann gibt es eben des Öfteren z.B. etwas mit Kartoffeln. Für die Erwachsenen kann man zahlreiche Variationen wählen, das Kind bekommt sie „natur" (vielleicht mit etwas Soße?...)

Auch verschiedene Gemüsesorten kann das Kind schon essen. Probieren Sie es einfach aus. Sie werden sehen, dass auch ein Baby bereits Vorlieben für bestimmte Speisen entwickelt.

Außerdem geben Sie ihrem Kind doch mal den einen oder anderen Keks in die Hand. So kann das Kind lernen, wie man das Essen in den Mund befördert. Natürlich leidet die Kleidung etwas bei diesen Aktionen, aber ...es macht glücklich!

Das Kind lernt so die Feinmotorik und bekommt dazu auch noch eine Belohnung. Lassen Sie sich in Puncto Keks nicht von anderen dreinreden. Es können Butterkekse sein genauso wie Löffelbiskuit, Kinderkekse oder Reiswaffeln. Schauen Sie sich im Laden einfach mal um und entscheiden Sie selbst.

Was anderes: wenn sie der Meinung sind, Ihr Kind soll einen Brei bekommen, dann entscheiden Sie als Eltern, wann der Zeitpunkt dafür gekommen ist.

Natürlich sollte dieser Zeitpunkt in etwa nach dem 4. Monat liegen, wer aber möchte, kann bereits mit 3 ½ Monaten anfangen, wenn das Kind gesund ist. Das sollte ein guter Anfang sein, denn nicht nur das Baby, sondern auch die Eltern müssen lernen, wie man vom Löffel isst bzw. mit einem solchen füttert. Das Gesicht der Kleinen ist am Anfang manchmal ganz schön verschmiert, aber Gut Ding braucht Weile und außerdem macht Übung den Meister!

Wenn der Nachwuchs nachts noch eine Mahlzeit benötigt, versuchen Sie, diese Mahlzeit auf den Tag zu legen. Wie Sie das machen sollen? Probieren Sie folgendes aus: Die Flasche in der ersten Woche nachts um einen Löffel reduzieren. Wenn die Mahlzeit so akzeptiert wird, in der zweiten Woche weniger Wasser dazu. Die Nahrung wird wieder dicker, die Menge aber reduziert. So wechseln Sie jede Woche ab, mal weniger Milchpulver, mal weniger Wasser. Wenn das Kind nachts also weniger bekommt, sollte es am Tag mehr essen. Wenn zwischen den Mahlzeiten am Tag z.B. 4 Stunden liegen, geben Sie dem Kind nach 3 ½ Stunden schon wieder was zu essen. So steigern Sie die Menge am Tag, da eine zusätzliche Mahlzeit eingelegt werden kann. Das Kind bekommt dann die gleiche Menge Essen, aber am Tag und dafür weniger in der Nacht. Es kann passieren, dass das Kind dafür morgens früher wach ist, was sich aber auch mit der Zeit wieder regulieren wird.

Sollten Sie mal auswärts essen, eingeladen sein oder Sie selbst Besuch haben wird Ihr Kind nicht wie gewohnt essen. Alles andere ist interessanter als die Mahlzeit und die Ablenkung ist groß, sobald andere Kinder oder viele Leute anwesend sind. Zwingen Sie Ihr Kind nicht, in solchen Situationen am Tisch

sitzen zu bleiben und alles aufzuessen. Vielleicht schmeckt das Essen ihrem Zwerg gar nicht, weil es anders schmeckt als zu Hause. Oder die anderen Kinder rennen schon wieder herum oder ähnliches. Auch „Bestrafungen" wie diese berühmten „wenn Du das nicht machst, dann…..", haben wenig Sinn. Kinder denken nicht sehr weit und mit einer „Bestrafung", die erst in einiger Zeit – also später zu Hause oder wenn die Gäste weg sind – ausgeführt wird, verliert sehr schnell ihren Sinn, da das Kind die Ursache und die Folge nicht mehr in Einklang bringen kann. Wenn die Kinder dazu noch müde sind, eskaliert das Ganze eher, als dass Sie die Ruhe bekommen, die Sie sich dadurch erhoffen.

Eine Möglichkeit, die wir oft nutzen ist folgende: Wir planen mit ein, dass unsere Kinder auswärts wenig essen und dann zu Hause noch mal etwas essen möchten. Also gehen wir so rechtzeitig heim, dass diese Mahlzeit unseren zeitlichen Rahmen nicht all zu sehr sprengt. An den Wochenenden macht es auch nichts aus, wenn die Kinder später im Bett sind. Oder wir fahren erst sehr spät nach Hause. Dann schlafen fast alle schon im Auto

ein und man kann sie einfach ins Bett tragen.
Das Zähneputzen fällt dann eben aus und
auch der Waschlappen hat an diesem Abend
seine Ruhe.

9. Hygiene

Vertrauen Sie darauf, dass es bei Ihnen zu
Hause sauber genug für ein Baby ist. Sollte es
nicht immer aussehen „wie geleckt", dann
denken Sie einfach daran, dass Sie die Zeit für
sich und das Kind anderweitig genutzt haben.
Das Kind braucht keine Wohnung die porentief
rein ist. Etwas Dreck schadet nicht, denn das
sorgt für Abwehrkräfte. Auch der Hund oder
die Katze müssen nun nicht weg, das Tier
muss nur lernen, dass Baby-Decken, -Wagen,
-Betten oder –Spielzeug tabu sind.
Sollte die Katze aber mal auf einer
Kinderdecke gelegen haben, können Sie die
Decke einfach waschen. Das Kind muss nicht
steril verpackt werden, unsere Katze lag mit
Sicherheit des Öfteren mal auf der
Kinderdecke. Vielleicht auch mal im Laufstall
und wir haben es nicht gesehen. Alle Kinder
sind gesund und munter, ich will sagen: auch

das schadet nicht. Man muss nicht gleich das Tier aussperren. Bei den Saugern der Milch- und Teeflaschen muss man ebenfalls nicht pingelig sein. Man kann sie genauso gut in die Spülmaschine stecken oder von Hand waschen. Sie müssen nicht immer wieder steril abgekocht werden.

Sie essen ja auch von einem Teller, der in der Spülmaschine war, bzw. den Sie von Hand gespült haben. Es gibt natürliche Keime, mit denen ein Baby durchaus fertig wird.
Die Milchflaschen stelle ich immer verkehrt

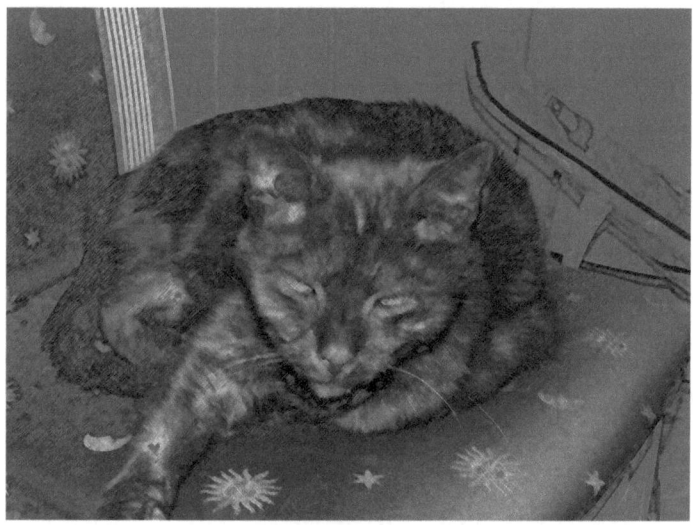

herum in den unteren Wagen meiner Geschirrspülmaschine, stecke sie also auf die Halterungen für die Teller. Das reicht!

Wenn ausgekochte Flaschen und Sauger im Schrank stehen, kommen doch wieder Keime dran. Oder ist bei Ihnen alles steril? Dann wundern Sie sich aber nicht, wenn Ihr Kind das erste Mal draußen spielt und dann gleich krank wird. Der Körper muss dann mit einem Übermaß an Keimen kämpfen. Oder Sie treffen sich mit einer Freundin, deren Kind einen Schnupfen hat, den fängt sich Ihr Sprössling dann auch gleich ein.
Jedes unserer Kinder ist nur etwa 1 Mal im Jahr krank. Das liegt mitunter daran, dass wir hier nicht pingelig sind was Dreck angeht. Natürlich wohnen wir nicht in einem Saustall. Aber wer unangemeldet kommt, kann schon mal denken, wir hätten tagelang nicht gewischt. Man sieht es bei uns nur nicht mehr, wenn alle Kinder von Kindergarten und Schule wieder zu Hause sind, dass die Wohnung morgens geputzt wurde. Uns macht das nichts aus, schließlich wohnen hier mittlerweile 6 Leute. Und andere Arbeiten wie Waschen und Bügeln mache ich wesentlich lieber als den ganzen Tag nass rauswischen. Beim Bügeln

sehe ich etwas von meiner Arbeit, beim
Wischen ist nach einer Stunde alles wieder wie
am Abend zuvor.

10. Gesundheit!

Es kommt leider auch mal vor, dass der kleine
Sprössling krank wird. Seien Sie versichert,
manches scheint schlimmer als es in
Wirklichkeit ist.
Fieber ist eine „Krankheit", die dem Körper
hilft, gegen Eindringlinge zu kämpfen. Etwas
Fieber schadet also nicht, man sollte es im
Blick haben und bei Temperaturen ab 39 Grad
vielleicht doch Medizin geben. Gerade
tagsüber kann man versuchen, das
Verabreichen von Medizin hinauszuzögern,
geht es aber auf den Abend zu, geben Sie
ihrem Kind die Medizin, dann wird die Nacht
etwas angenehmer – für alle.
Bei einem leichten Schnupfen oder etwas
Husten, na ja, das muss jeder selbst
entscheiden... Ich bin der Meinung: die
Erkältung kommt 2 Tage, bleibt 2 Tage und
geht 2 Tage. Ob mit oder ohne Medizin.
Natürlich kann man in einem stärkeren
Moment Arznei verabreichen, damit es sich

leichter aushalten lässt. Aber wenn das Kind durch die Erkältung nicht beeinträchtigt ist, also genauso isst und trinkt wie zuvor, auch das Verhalten was Spielen, Beschäftigung und ähnliches angeht nicht verändert ist, dann kann sich der Körper selbst ganz gut gegen die Erkältung wehren. Wie gesagt: meine Kinder sind selten krank, ihre Abwehrkräfte sind gestärkt durch Aufenthalte an der frischen Luft, Bewegung im Freien und auch mal etwas Dreck beim Spielen. Auch werden bei uns nicht gleich alle Register in Sachen Arznei gezogen, sobald sich ein leichter Husten oder Schnupfen ankündigt.

Ich muss immer wieder daran denken, was ich mit meinem dritten so alles erlebt habe.
Geht er abends in die Badewanne, „kocht" er immer etwas. Und was man kocht, muss auch probiert werden. Das heißt, er trinkt mal das ein oder andere Badewasser – ihm ist egal, ob da ein Badezusatz drin ist und wenn ja, welcher. Man kocht ja auch nicht jeden Tag dasselbe….

Oder als er eines Tages im Sandkasten saß und seine Chips mampfte. Ich hatte ihm zuvor

welche in eine Plastikschüssel getan und er
nahm sie mit nach draußen. Er saß also in
seinem Sandkasten und spielte. Ich schaute
zum Fenster raus und traute meinen Augen
kaum: Er saß in mitten eines Sandbergs und
schaufelte mit dem immer gleich geformten
Chips Sand. Und dem nicht genug, er aß sie
dann auch, mit dem Sand darauf…. Mich
schüttelte es und ich rief ihm zu, dass er ruhig
noch mehr Chips haben könne, wenn seine
leer seien. Also aß er den Rest ohne Sand und
fragte nach Nachschub. Ich muss gestehen,

am nächsten Tag hatten wir allerfeinstes Schmirgelpapier in der Windel. Mir tat es zwar nicht weh, aber mein Kind tat mir leid. Aber er hat gelernt, dass es andere Dinge gibt, die besser schmecken!

11. Gelassenheit in fast Allem…

Als unser erstes Kind etwa 2 Jahre alt war, machten wir einen Camping-Urlaub mit Oma und Opa. Diese hatten ihr Wohnmobil dabei. Da es ein kleines Wohnmobil war und wir zu fünft keinen Platz zum Schlafen darin hatten, quartierten sich mein Mann und ich in einem Zelt ein. Dieses Zelt war gerade groß genug, dass man zu zweit einigermaßen bequem liegen konnte. Es wurde auf der gleichen Parzelle, direkt neben dem Wohnmobil aufgebaut.
Da es draußen nachts schon sehr kalt wurde, beschlossen wir bereits vor dem Urlaub, dass unser Kind im Wohnmobil nächtigen sollte. Dazu baute meine Schwiegermutter eigens ein Bett, welches auf der Beifahrerbank montiert wurde. Schön mit allem, was das Kinderherz begehrt: rundum geschützt gegen das

Herunterfallen, eine tolle Matratze mit buntem Bezug, das kuschelige Bettzeug von zu Hause und die Kuscheltiere, die sonst auch auf dem Kinderbett bei Oma zu finden sind.

Wir machten uns abends fertig fürs Bett, der Kleine sollte schon mal schlafen, die Großen wollten vor dem Wohnmobil noch etwas reden und gemeinsam zusammensitzen. Wer will schon um 20.00 Uhr ins Bett? Da jeder der Großen gespannt war, ob der Mini auch in seinem tollen Bett schlafen würde, setzten wir uns alle INS Wohnmobil, zogen den Vorhang zum Kinderbett zu und horchten. Keiner traute sich zu atmen: Würde er einschlafen? Sollte er alles akzeptieren, was wir ihm boten?
Die Stimmung schwang richtig mit unseren Fragen. Das Ende vom Lied war, dass unser Kind wieder aufstand, uns mitteilte, dass er nicht gewillt war, in diesem Bett zu schlafen, das er am Tag noch so aufregend und toll fand. Also beschäftigten wir ihn noch eine Weile und versuchten es erneut. Auch dieser und die nächsten Versuche schlugen fehl. Gegen viel später waren auch wir etwas geschafft und wollten nur noch schlafen. Aber wohin mit dem Kind, das sich vehement weigerte?

Er setzte sich durch und durfte bei uns im Zelt schlafen. Die Nacht war sehr kalt, und ich deckte mein Kind mehr als oft zu, weil er sehr unruhig schlief und sich immer wieder aufdeckte. Am nächsten Morgen schwor ich mir – nachdem ich in dieser Nacht wahrscheinlich keine 2 Stunden geschlafen hatte – dass der nächste Abend völlig anders ablaufen würde.

Mein Mann brachte den Kleinen ins Bett. Oma, Opa und ich verbrachten diese Zeit draußen, räumten auf und beschäftigten uns mit anderen Gedanken, als mit dem Kind. Und siehe da! Es war tatsächlich möglich, dass unser Kind in diesem Bett schlief, ganz alleine! Als mein Mann wieder aus dem Wohnmobil kam, meinte er, dass die Stimmung eine ganz andere war, fast so wie zu Hause, und es vielleicht deshalb an diesem Abend besser geklappt hatte.

Für mich stand fest: Nie mehr alle auf einen Haufen!

Der Rest des Urlaubes war schön, wir hatten meist alle gut ausgeschlafen und jeder hatte seine eigene Bettdecke! Meistens zumindest, sonst wäre unser zweites Kind nicht in diesem Urlaub gezeugt worden...

Ich lernte aus diesem ersten Abend eine ganze Menge. Zum einen würde ich niemals mehr mein Kind spüren lassen, dass ich sehr nervös bin. Er hat gespürt, dass wir alle aufgeregt waren, ob das mit dem neuen Bett klappen würde. Und diese Nervosität machte alles zunichte.

Jetzt mache ich meinem Kind Mut. Vielleicht sage ich es meinem Kind nur und meine mich selbst damit. Aber es funktioniert. Das Kind merkt meine Nervosität nicht und ich versuche auch, nach außen so ruhig zu bleiben, wie möglich.

Situationen, in denen es wichtig ist, sich zu beherrschen, dem Kind nicht zu zeigen, dass man selbst wahnsinnig aufgeregt ist, kommen häufiger vor als man denkt. Da gibt den ersten Tag bei einer Tagesmutti, den ersten Tag im Kindergarten, den ersten Schultag, die erste Freundin oder der erste Freund, die Konfirmation oder die Kommunion, usw. Alles, was neu ist für das Kind, ist auch neu für uns Eltern. Wenn wir dem Kind aber das Selbstbewusstsein geben können, dass es zwar was Neues, aber völlig Normales ist, dann klappt das meist auf Anhieb.

Zum anderen lernte ich Gelassenheit. Und zwar im Umgang mit Zeit. Es ist nicht wichtig, ob das Kind im Urlaub(!) zur immer gleichen Zeit im Bett ist, wie zu Hause. Es ist auch

nicht wichtig, ob der Tagesablauf der gleiche ist. Im Urlaub ist alles anders und das merkt das Kind. Entspannen Sie sich, versuchen Sie auch, etwas Urlaub zu genießen. Es muss im Urlaub nicht immer alles perfekt sein. In dieser Zeit ist es wie im Wochenbett: was liegen

bleibt, bleibt liegen. Man kann es am nächsten Tag erledigen oder gar nicht. Sie haben Urlaub und der heißt im Berufsleben: Erholungsurlaub! Also erholen Sie sich!

12. Die Zähne und ihre Tücken

Was das Zahnen angeht gibt es viele Geschichten. Genauso viele wahrscheinlich wie Kinder.
Die einen erzählen von einer Mittelohrentzündung, die bei jedem neuen Zahn auch gleich mit von der Partie war, die anderen von Durchfall, durch den sich der neue Zahn immer ankündigte. Wieder andere berichten von einem wunden Popo, und die nächsten wissen, dass bei jedem Zahn, der kommt, hohes Fieber dabei ist.

Egal, was alle sagen, bei jedem Kind ist es anders.
Bei den drei ersten Kindern haben wir nur gestaunt, dass schon wieder ein Zahn vorhanden war. Nichts von irgendwelchen Schmerzen oder sonstigen Einschränkungen.

50

Bei der vierten war ich mir bis zum Schreiben dieses Buches nicht sicher, aber sie war stark erkältet, dann kam der erste Zahn. Jetzt war sie wieder erkältet und der zweite Zahn blinkte hervor. Wir werden abwarten müssen, um herauszufinden, ob die anderen Zähne auch durch eine Erkältung angekündigt werden...

13. Belohnung für die Eltern

Eines steht fest:
Wenn Sie ihr Kind anschauen, was für Fortschritte es jeden Tag macht, auch wenn sie noch so klein sind, dann können Sie stolz sein. Ihr Kind hat eine Menge geleistet und ein Kinderlächeln ist mehr Wert, als alles, was uns bis dahin bekannt ist.

Natürlich können Sie sich als Eltern auch mal verwöhnen. Sie können sich, nachdem der Nachwuchs im Bett ist, mal wieder als Paar fühlen. Auch wenn der Stress mal wieder alles abverlangt. Versuchen Sie, das Paar-Sein nicht zu vernachlässigen. Für Ihre Beziehung ist es wichtiger als je zuvor, dass Sie sich austauschen. Die Mutter ist im Normalfall erst mal zu Hause, d.h. kein Büro, keine Kolleginnen. Da kann einem schon mal die Decke auf den Kopf fallen. Sie erleben den ganzen Tag über sehr viel, können sich aber mit Ihrem Baby nicht austauschen, es gibt einfach keine vernünftigen Antworten, und dann ist es auch immer so schnell müde....Ihr Partner und Sie sollten sich gegenseitig von Ihrem Tag erzählen. Was das Kleine Neues gelernt hat, wie der Chef im Büro war und vieles andere mehr. Wenn Sie die Möglichkeit haben, lassen Sie sich heißes Wasser in die Badewanne ein, stellen ein paar Kerzen im Badezimmer auf und die Sektgläser an den Badewannenrand. Dann baden Sie zu zweit oder nur einer, während der andere sich aber ebenfalls im Bad aufhält und vielleicht den Badewannenrand als Stuhl nutzt. Im Anschluss gehen Sie ins Bett und genießen die frühe Bettruhe. Ob dann noch mehr passiert, liegt ganz an Ihnen...

Oder gehen Sie mal wieder gemeinsam aus. Die Großeltern sind bestimmt bereit, das Enkelkind zu betreuen. Sie können ja ausgehen, wenn der/die Kleine im Bett liegt. Eine Flasche kann die Oma auch machen. Legen Sie einen Zettel in die Küche, auf dem alles Wichtige steht.

Wenn Oma und Opa etwas weiter weg wohnen, können diese ja mal ein Wochenende zu Besuch kommen. Sagen Sie Ihnen aber vorher, dass Sie ausgehen möchten und es lieb von den Großeltern wäre, wenn Sie in der Zeit auf den Nachwuchs aufpassen. Das Kind ist in seiner gewohnten Umgebung, was ihm das Ganze etwas leichter machen dürfte.

Aber auch ein Tapetenwechsel ist manchmal nicht schlecht. Der Nachwuchs gewöhnt sich daran, auch mal in einem anderen Bett zu schlafen, was für den ersten Urlaub gar nicht so schlecht ist. Und außerdem ist es außer einer anderen Umgebung auch die andere Art, die es hier gibt.

Die Großeltern machen eben nicht alles so wie es das Kind von zu Hause gewohnt ist, was aber nicht schlimm ist, denn eine andere Umgebung bedeutet dann auch eine andere Art des „Zu-Bett-Gehens". Das Kind kann eigentlich schon unterscheiden, dass bei Oma und Opa alles etwas anders ist.

Versuchen Sie einfach ein paar Varianten aus, um herauszufinden, welche für Ihre Familie die richtige ist.

14. Rituale

Sie werden erstaunt sein, wie wichtig und sinnvoll Rituale sind.

Beim ersten Kind lief nicht jeder Tag gleich ab. Ich war viel unterwegs, das Kind schlief, wenn wir im Auto waren. Schlief er noch bei der Ankunft zu Hause, dann brachte ich das schlafende Kind ins Bett. Den nächsten Morgen verbrachten wir auch nicht wie jeden anderen Morgen. Irgendetwas war immer anders.

Beim zweiten Kind aber wussten wir, dass es einfacher ist, Wutausbrüche unseres Kindes schon im Keim zu ersticken, wenn alles immer gleich abläuft. Zumindest aber die wichtigsten Tagespunkte.

Hierzu zähle ich das morgendliche Wecken, Aufstehen und Anziehen, das Frühstück, Mittagessen und der anschließende

Mittagsschlaf ebenso wie das abendliche Ritual, beginnend mit dem Abendessen und endend mit dem Schlafen.

Die Kinder merken relativ schnell, dass sie sich auf diese Sicherheiten verlassen können. Sollte auch unter dem Tag mal etwas anders laufen, eine neue Umgebung oder neue Spielkameraden, dann weiß das Kind dennoch, dass am Abend wieder die Normalität einkehrt. Diese Rituale geben dem Kind Sicherheit.

Durch meine Arbeitszeiten mussten meine beiden großen Kinder ab und zu mal bei den Großeltern übernachten. Da sie aber manchmal am Montag, das nächste Mal an einem Samstag und die Woche drauf mal an einem Donnerstag auswärts schlafen mussten, hatte die Kinder keine Regelmäßigkeit. Es war nicht möglich, regelmäßig Freunde zu treffen, in den Sportverein zu gehen und so weiter. Die Freunde hatten an bestimmten Tagen der Woche Zeit, unsere Kinder konnten mal in der einen Woche, nächste Woche aber an diesem Tag schon wieder nicht, weil sie nicht zu Hause waren.

Eine tiefe Bindung konnte ich zu meinen Kindern auch nicht aufbauen, ich glaube, dass sie mir unbewusst vorgeworfen haben, dass ich nicht immer für sie da war. Erst eine Mutter-Kind-Kur zeigte mir, dass es durchaus möglich ist, eine tiefere Bindung mit meinen Kindern einzugehen. Wir waren drei Wochen lang zusammen, ich war in der Zeit immer für sie da. Der Tagesablauf war immer der gleiche und schon funktionierte unsere Beziehung wesentlich besser. Nach der Kur beantragte ich, von nun an etwas weniger zu arbeiten, was mir mein Arbeitgeber auch genehmigte. Ich bin ihm sehr dankbar, denn so schaffte ich es, die tiefe Bindung zu meinen Kindern beizubehalten.

Als das dritte Kind unterwegs war, war für uns als Eltern klar, dass ich nicht arbeiten gehen würde, solange der Dritte nicht im Kindergarten ist. (Gott sei Dank kam Kind Nummer 4 dazwischen, so kann ich noch ein paar Jahre zu Hause bleiben…)

Ich muss sagen, dass es unseren größeren Kindern auf jeden Fall gut getan hat, dass ich immer zu Hause war, wenn sie aus der Schule oder dem Kindergarten kamen. Regelmäßig hatten die Beiden an bestimmten Tagen Zeit, konnten etwas ausmachen und die Hausaufgaben mussten auch nicht einmal mit der Oma und dann wieder mit der Mama gemacht werden. Die Kinder wissen, dass sie nach der Schule nach Hause kommen und nicht warten müssen, ob heute der Opa kommt um sie von der Schule bzw. dem Kindergarten abzuholen.

Ich wünsche Ihnen noch viel Spaß und Erfolg mit Ihrem Nachwuchs!